LE NEZ

L'ÊTRE DÉVOILÉ PAR SA FORME

ANGERS IMPRIMERIE E. BARASSÉ, RUE SAINT LAUD 83.

LE NEZ

L'ÊTRE

DÉVOILÉ PAR SA FORME

PAR

A. BUÉ

ANGERS
IMPRIMERIE LIBRAIRIE DE E. BARASSÉ, RUE SAINT LAUD, 83.

PARIS.
Librairie A. GHIO, Quai des Grands Augustins, 41,
1872.

PRÉFACE.

L'étude basée sur l'observation est attrayante et facile; on peut s'y livrer partout, à ses heures, sans apprêts, selon les circonstances. Ce genre de travail n'exige ni le recueillement, ni le silence du cabinet, et c'est souvent même au milieu de la foule la plus nombreuse et la plus bruyante que l'on rencontre les sujets d'étude les plus précieux et que l'on recueille les notes les plus utiles.

J'ai toujours eu une prédilection marquée pour ce genre d'étude; d'abord j'ai observé pour me distraire, par pure oisiveté et sans idée préconçue; puis, j'ai été amené à faire des rapprochements et à tirer des conséquences, et peu à peu je me suis fait un certain nombre de règles que l'expérience a achevé de confirmer.

Ce sont ces observations que j'ai entrepris d'exposer. Je les offre au public telles que je les ai conçues, éparses et isolées ; j'aurais pu les réunir, mais j'ai voulu éviter de leur donner l'apparence d'un *Traité*.

Ces essais présentés successivement auront l'avantage, j'espère, d'offrir une agréable distraction aux personnes déjà portées vers ce genre d'étude, et ouvriront facilement aux autres la route de l'observation et de la pratique.

Angers, le 1er février 1872.

A. BUÉ.

« Quand viendra le temps où la con-
» naissance de l'homme sera une partie
» intégrante, et, bien mieux, la partie
» principale, le centre de l'histoire natu-
» relle ? »

LAVATER.

« La vraie, l'immortelle beauté sur la
» terre, n'est rien autre chose que la
» perfection de l'âme rendue sensible par
» la forme vivante. »

GRATIOLET.

« Il y a plus de distance de tel à tel
» homme, qu'il n'y a de tel homme à telle
» bête, et il y a autant de degrés d'esprit
» qu'il y a d'ici au ciel de brasses. »

MONTAIGNE.

LE NEZ

L'ÊTRE DÉVOILÉ PAR SA FORME

CHAPITRE Ier.

Où l'on parle de la connaissance de l'Homme en général, et de la Physiognomonie et de la Pathognomique en particulier.

La seule chose que l'homme ignore, c'est lui-même !

En effet, l'étude de l'homme est de toutes les sciences la plus négligée peut-être ; aux yeux du plus grand nombre, cette science n'en est même pas une, et l'on va jusqu'à lui refuser le *droit de Cité !*

C'est, dit-on, une misérable aventurière, fille de la Cabale, recueillie par la Bohême des rues ! Oser la défendre, c'est se mettre en rupture de ban avec la Société dite *Savante*, et s'attirer la pitié dédaigneuse de ces gens qui renferment tout leur savoir dans une formule algébrique.

Et, cependant, quoi de plus intéressant et de plus précieux qu'une science qui nous permet de descendre en nous-même, de nous scruter, et qui nous donne la puissance de connaître nos semblables? Quelle étude plus sublime que celle qui nous initie à tous les mystères qui nous entourent, nous donne la clef de notre propre nature, et nous dévoile les liens étroits qui nous unissent à la grande famille des êtres?

De la connaissance de ces rapports découlent nos devoirs et notre solidarité! L'étude de l'homme n'est donc vraiment pas une des branches de la Science; mais, à proprement parler, c'est la SCIENCE elle-même, car, synthèse des sciences, elle les condense et les résume toutes!

Là est le faisceau indicateur qui marque sûrement la place que l'homme occupe dans la création.

Là est le flambeau qui nous éclaire et qui nous guide!

Toute science, qu'elle s'appelle *physique*, *mathématique* ou *physiologique*, conduit et aboutit fatalement à la connaissance de l'homme! C'est le *but* vers lequel doivent s'élever et tendre toutes les aspirations, tous les efforts de l'esprit humain!

Revenons donc à une plus juste appréciation des choses et cessons de mépriser ou de négliger les moyens que la providence a mis à notre portée; étudions l'homme dans sa nature et dans les rapports qui l'unissent aux autres créatures de l'univers ! Apprenons enfin à nous connaître pour savoir nous conduire !...

Un des premiers objets de l'étude de l'homme est d'enseigner les relations intimes qui existent entre sa nature *spirituelle* et sa nature *matérielle*, c'est-à-dire entre son âme et son corps !

Cette partie de l'étude est du domaine de la physiologie; on a l'habitude de la renfermer sous le terme générique de *Physionomie*.

Il faut cependant faire une distinction ; car la connaissance de l'Être par sa forme, renferme deux parties bien distinctes :

1° L'étude de l'expression muette et passive des organes ;

2° L'étude de l'expression parlante et active des traits.

La première s'appelle *Physiognomonie*, ou connaissance de l'âme. La seconde s'appelle *Pathognomique*, ou science du mouvement des passions.

En un mot, ainsi que l'a dit Aristote : « *Ce qui est durable dans la forme, exprime ce qui est immuable dans la nature de l'Être.* » Voilà l'objet de la Physiognomonie. « *Ce qui est mobile et fugace dans cette forme, exprime ce qui, dans cette nature, est contingent et variable.* » Voilà l'objet de la Pathognomique.

Les physionomistes se sont presque exclusivement occupés de Pathognomique; leur attention s'est toujours portée de préférence sur le jeu des traits du visage; cette pratique n'est pas suffisante. Pour bien connaître l'Être voilé par sa forme, il faut l'étudier sous deux aspects : en mouvement, et au repos! Qui n'a vu un visage que dans le moment de l'action, éclairé par la passion ou composé par les habitudes mensongères de la société, ne peut former un jugement sûr et précis; il risque beaucoup de n'avoir vu qu'un masque hypocrite derrière lequel l'Être se dissimule et se cache!

L'œil, la bouche, le sourcil et toutes les parties molles ou mobiles du visage, qui se prêtent si facilement aux impulsions que l'homme exercé et habile veut leur donner, trompent trop souvent l'observateur. Ces organes flexibles, placés sous l'empire direct de la volonté, se plient tour à tour aux sentiments les plus divers et les plus contraires; ils obéissent servilement à ce jeu habile dont se compose en grande partie le talent du comédien!

Sourires faux, regards hypocrites, émotions feintes, passions simulées, que vous apparaissiez sur la scène du monde ou sur le théâtre; que vous soyez éclairés par le faux reflet des feux de la rampe ou des lustres des salons, quel est l'homme assez observateur ou assez sûr de lui-même pour ne pas se laisser tromper ou tout au moins se laisser entraîner, séduire, magnétiser par vos apparences perfides?

Combien de fois, tous, tant que nous sommes, n'avons-nous pas été dupes de l'illusion, et n'avons-nous pas pris *la grimace* pour l'expression du cœur, l'apparence pour la réalité?...

Aussi sachons nous rendre maîtres de cet entraînement, sachons être prudents et sages, et gardons-nous d'élever jamais un jugement définitif sur une base aussi fragile.

La mobilité des traits est comme le sable mouvant qui ne conserve aucune empreinte; l'Être y trace capricieusement mille lignes confuses; c'est une glace qui reflète des images évanouies avant d'être entièrement dessinées; sur ce terrain, l'Être, Protée insaisissable, nous échappe sous les mille travestissements qu'il peut prendre!

Méfions-nous du jeu de l'organe, et scrutons l'organe lui-même : dans ce but, attendons que les traits ne soient plus en action, attendons que les feux de la passion qui illuminaient le visage soient éteints, que le repos se soit fait; alors, étudions dans le calme les lignes, les courbes, les inflexions des parties solides; examinons surtout le front, le nez, l'oreille, le menton; rapprochons les impressions produites en nous par cet examen avec celles que nous avons recueillies dans l'étude du jeu des parties mobiles; et, si l'observation et le tact nous ont fait physionomiste, nous apercevrons dans ces lignes *inertes* l'Etre tout entier et tel qu'il est! car ce tableau *muet* qui est devant nous, est le produit de l'édification lente et progressive de l'âme, depuis l'instant où elle a agi sur la matière!

Cette forme, déterminée par cet ensemble de lignes, est l'épanouissement matériel de l'âme! c'est l'expression de sa force virtuelle moulée dans la matière!...

Ici plus de jeu, plus d'artifice, plus de mensonge!... le feu de la rampe est éteint; le prestige a disparu! Ce n'est plus l'acteur en scène que nous voyons...

... C'est l'HOMME!!!...

Concluons donc et disons que la connaissance de l'Être par sa forme comprend deux parties distinctes :

1° la Physiognomonie, ou étude des lignes muettes, qui nous donne la valeur intrinsèque de l'Être, sa force virtuelle, son mode *permanent*.

2° la Pathognomique, ou étude du jeu des organes, qui nous donne surtout l'état d'agissement de l'Être et son mode *passager*.

C'est sous ces deux aspects différents que nous étudierons successivement les organes du visage humain.

CHAPITRE II.

Où il est dit que le nez, synthèse du visage, est la caractéristique dominante de l'humanité, et que le nez est de tous les traits celui que l'âme arrête et forme le dernier.

Le nez, doué de mouvements fort limités, peut être considéré comme un des organes *muets* du visage : c'est cependant le trait le plus expressif et le plus parlant aux yeux de l'observateur.

Placé au milieu de la figure, saillant, dominant l'ensemble, il est en quelque sorte la clef de voûte de l'édifice ; et, comme un pont jeté dans l'espace, il relie la partie *sensuelle* du visage : la bouche et le menton, à la partie *spirituelle* : le front et les yeux.

C'est le trait d'union entre la *Vie animale* et la *Vie morale*, entre les instincts matériels et les aspirations de la vie supérieure ; c'est le moyen terme qui unit la *Bête* à l'*Ange !*

En un mot, c'est L'HOMME !

Et, en effet, rien de plus vrai de dire que l'homme est tout entier dans le Nez : si l'on observe avec soin les contours, les lignes, les courbes, les inflexions diverses de cet organe magistral, on retrouve avec étonnement toutes les nuances du caractère et du tempérament de l'Être. Le nez est en quelque sorte la synthèse du visage, comme le pouce, ainsi que nous l'avons vu (1), est la synthèse de la main. Il y a entre ces deux organes, le nez et le pouce, une analogie tellement saisissante qu'on peut dire par antithèse que le *nez est le pouce du visage!* Ces deux organes sont la caractéristique dominante qui distingue l'homme de l'animal. Pas un animal n'a un pouce, pas un animal n'a un nez!... l'homme seul est possesseur de ces organes supérieurs, et de même que le pouce constitue la *Main*, de même aussi le nez constitue le *Visage!*

Dans le cours de cet exposé, nous établirons donc constamment des rapprochements entre le nez et le pouce, parce que l'expérience nous a démontré que ce sont deux parties similaires de l'individu, qui se répondent et se contrôlent mutuellement : aussi peut-on dire d'avance avec assurance :

« *Tel nez, tel pouce!* »

La nature est admirable dans sa simplicité ! Ses apparences, ses phénomènes si divers, qui viennent frapper

---

(1) La *Main*, essai physiologique et psychologique, par A. Bué.

nos sens, sont le produit d'une seule et même loi, et c'est leur enchaînement découlant d'une même source qui dévoile à l'observateur la science de l'*analogie*.

Le nez est donc un trait essentiellement *humain !* C'est le nez qui annoblit le visage de l'homme ; c'est lui qui constitue par sa ligne magistrale le *profil* humain, et qui lui donne cet air de grandeur, d'intelligence et de bonté que l'homme seul possède à l'exclusion de tous les êtres qui peuplent notre planète ! !

Examinez les faces des animaux : toutes elles sont plates, carrées, allongées, pointues ou écrasées ; parmi elles, impossible de trouver un seul *profil !* Ces becs, ces trompes, ces grouins, ces museaux ne sont pas des visages ! La ligne du nez et celle du front peuvent seules composer le profil humain ; ce sont ces lignes qui lui donnent cette beauté pleine d'intelligence et de majesté qui impose aux êtres inférieurs et est le signe éclatant de la royauté humaine en ce monde terrestre !...

De ce que le nez est la synthèse du visage et la caractéristique dominante de l'humanité, il en résulte que c'est le trait du visage qui ne doit s'arrêter et prendre sa forme définitive que lorsque l'Être est arrivé à sa maturité et à sa dernière évolution morale.

L'expérience vient confirmer ce fait :

Voyez, en effet, l'enfant qui vient de naître ; les

traits de ce petit être sont à peine ébauchés, mais dans cette esquisse imparfaite, remarquez une chose : dès le premier instant de la vie, la bouche est formée, ses contours sont arrêtés, l'organe est en pleine activité; instinctivement le petit être forme ses lèvres en gouttière pour sucer le lait, et il cherche le sein fécond qui doit lui donner l'existence; c'est que la bouche est l'organe principal de la *Vie de l'instinct,* et comme cette vie commence avec celle de l'individu et précède les autres existences, ses organes doivent naître avec elle et être prêts à se plier à toutes ses fonctions.

A cette même époque, les organes de la *Vie intellectuelle,* qui ne doit s'éveiller que plus tard, le nez, l'œil, l'oreille, sont vaguement dessinés; et, impropres encore à leur fonctionnement actif, ils sommeillent !

Suivez la marche du temps, et vous verrez le visage du petit être se transformer lentement, s'éclairer; vous verrez l'ébauche confuse du premier jour se dessiner de plus en plus nettement dans la progression nécessaire à l'expression des facultés. — Impartial et patient observateur, vous assisterez à cette édification de l'enveloppe matérielle par l'âme qui l'anime, et vous constaterez alors que le nez est le dernier trait que l'âme dessine et arrête.

Il y a des gens qui *finissent* leur nez plus ou moins tôt, car les âmes n'arrivent pas à leur entier développement dans le même laps de temps : il y a des artistes qui travaillent plus ou moins vite ; cela dépend de bien des causes, de la force individuelle de l'âme, du milieu dans lequel elle se développe, de l'éducation qu'elle reçoit.

A l'œuvre on reconnaît l'artisan. Mais soyez certain d'une chose, c'est que lorsque le nez ne subit plus de changements et est circonscrit par des lignes bien précises et bien nettes, qu'il a pris en un mot un caractère bien tranché, l'Être est arrivé au complet développement auquel la force initiale de l'âme peut atteindre, la dernière pierre est mise à l'édifice, l'épanouissement de la force que vous avez sous les yeux est complet!

A partir de ce moment, comme le repos absolu n'existe pas, et que tout gravite sans cesse dans le champ de l'éternelle nature, un autre mouvement commence, c'est celui de la déformation!

Le nez qui se forme et s'arrête prématurément est un indice fâcheux pour l'avenir, car une raison trop précoce, a dit le physionomiste Huart, est l'avant-coureur certain de la folie. Mais le nez qui se déforme trop rapidement est aussi le signe certain d'une décadence morale anticipée.

En effet, lorsque l'âme, en présence des obstacles de de l'existence, plie et s'écarte de la voie droite, les traits portent l'empreinte de cette décadence et de cette faiblesse ; l'édifice s'écroule, la beauté acquise par la

à nous frapper, oh! alors, aux yeux de l'observateur l'Être moral, l'Ame apparaît toujours étincelante au milieu des débris de son enveloppe; telle sur les tronçons épars des ruines majestueuses d'un grand chef-d'œuvre plane aux yeux de l'artiste la sublimité de l'œuvre détruite !

Affirmons donc cette vérité, qui a déjà été proclamée par Lavater, c'est qu'il y a en nous une certaine puissance individuelle qu'aucune influence extérieure, qu'aucun accident ne sauraient changer radicalement ou essentiellement sans notre participation.

Cette puissance ne peut rien perdre de son caractère constitutif, tant qu'elle est soutenue par notre *volonté*.

CHAPITRE III.

Où il est répondu à cette question : De ce que le nez est la caractéristique dominante de l'humanité, est-il vrai de dire que tout homme possède un nez ?

« *Non cuique datum est habere nasum !* »

Dans le précédent chapitre, nous avons établi que le nez et le pouce sont des traits essentiellement humains, et qu'ils constituent la caractéristique dominante de l'humanité.

Il semblerait résulter, comme conséquence de cette proposition, que tout être humain doit posséder un pouce et un nez.

Il n'en est rien cependant !

En effet, ne rencontrons-nous pas à chaque instant de par le monde, des Êtres qui portent le nom d'hommes, qui ont un pouce atrophié et difforme, et dont le profil, à peine ébauché, ne présente aucune des lignes qui constituent vraiment le profil humain ?

L'angle facial d'une foule de têtes humaines ne se rapproche-t-il pas de celui de la brute, à ce point qu'on ne saurait nier qu'il existe une certaine parenté entre eux?

Des races entières ne sont-elles pas inférieures à d'autres quant à la beauté et à la rectitude des lignes de la face, et dans une même race n'y a-t-il pas des différences sensibles entre les hommes qui la composent?

Qui ne connaît cette échelle de comparaison faite par le célèbre physionomiste Lavater, dont le point de départ est le museau de la brute, et qui, en s'élevant par mille nuances, va en passant par tous les degrés jusqu'au profil grec, jusqu'à l'homme type, l'Apollon?

Quand on suit avec attention cette filière curieuse et intéressante, qui relie d'une façon intime l'humanité à l'animalité, on voit avec surprise les premières ébauches du nez humain naître dans les types de l'animalité qui se rapprochent le plus de l'homme. Ainsi le lion, le singe ont déjà quelques vestiges du profil humain; chez eux l'arcade sourcilière est proéminente, le nez se détache de la face et forme saillie, les ailes du nez sont ébauchées, l'œil n'est déjà plus rond, et la commissure des paupières se dessine et s'allonge; si l'on descend au contraire l'échelle des Êtres, on constate, à mesure que l'on s'éloigne de l'humanité, que la ligne du profil se modifie profondément, et quand on arrive à l'oiseau et au poisson, on ne retrouve plus rien du profil humain.

En revenant sur ses pas, si l'on porte le même examen parmi les types les plus élémentaires de l'humanité, on découvre de saisissantes analogies avec la brute : les hommes des races inférieures ont, en effet, le front fuyant ; le bas du visage avance, le nez est épaté et en quelque sorte épanoui sur la face, la lèvre supérieure est proéminente et fait suite à la ligne du nez. Quelle différence profonde entre ces types sauvages, si près de celui de la brute, et le visage de l'homme intelligent et supérieur ! Quels saisissants rapprochements les assimilent à l'animalité !

Cela ne fait aucun doute pour nous : Il y a *des animaux-hommes* et *des hommes-animaux ;* absolument comme à d'autres échelons de la grande et universelle série, il y a des *minéraux-plantes* (1) et des *plantes-animaux* (2).

La nature ne fait pas de saut, elle s'élève d'un degré à l'autre, dans sa sublime et éternelle progression, par des nuances multiples et insaisissables ! Qui peut dire c'est là où finit le règne végétal, c'est là où commence le règne animal ?

---

(1) Les micas, les amiantes, les asbestes.

(2) Les zoophytes.

Nulle délimitation fixe ! nulle ligne de démarcation précise ! chaque terme se fond dans l'autre sans transition perceptible ! Entre la brute et l'homme, il n'y a donc pas, comme on se plaît à se le figurer, une séparation profonde ; il n'existe pas dans l'œuvre de la création une lacune qui isole majestueusement l'homme de la foule des Êtres ! Quelques-uns se complaisent encore dans cette fausse croyance, dernier reflet de l'orgueil insensé dont nous ne pouvons parvenir à nous dépouiller, malgré la rude atteinte que la science et l'expérience lui ont portée. Il faut cependant se rendre à l'évidence : le lien qui nous unit à l'animal est étroit et serré ; il n'y a pas de règle d'exception ! La loi qui préside au grand-œuvre est *une* dans son principe, invariable dans son essence ; à tous les degrés de l'échelle des Êtres, nous en retrouvons l'expression simple et grandiose : n'est-ce pas folie que de penser qu'il a pu y être dérogé pour l'homme ?

Avant que la science n'ait éclairé notre monde de ses lumières, l'humanité a pu se laisser égarer par de trompeuses apparences ; en observant cette série nombreuse d'Êtres divers, qui partant d'en bas montent jusqu'à lui, et sont soumis à sa domination, l'homme, dans sa crédulité ignorante, a pu penser qu'il était la fin, le point *summum* de cette série, et qu'au-dessus de lui il n'y avait plus rien que son créateur !.....

Il s'est complu longtemps dans cette pensée flatteuse

pour son amour-propre et son orgueil, mais la science est venue le réveiller de son erreur ; elle lui a montré ces mondes infinis qui roulent dans l'espace, et ces soleils qui les éclairent de leur éternelle splendeur ; elle lui a ouvert des horizons nouveaux : alors, l'homme a vu avec une surprise pleine d'admiration et de religieuse stupeur que, *maître et grand* sur le globe terrestre, il était infiniment *petit* en face de cette immensité grandiose où se déroule la Vie Universelle dans toutes ses phases ! Il a compris qu'il était un anneau de cette chaîne incommensurable dont la série humaine et terrestre n'est qu'un fragment insignifiant !

Oui, l'homme est le dernier terme d'une série qui nous est connue, et le premier d'une autre qui la suit et qui va se perdre au-dessus de nos têtes dans l'inconnu et l'infini du temps et de l'espace !

L'homme placé entre notre monde *tangible* et les mondes célestes, est le trait d'union qui les unit en une seule et même suite.

Aussi l'homme participe-t-il de deux natures, de la nature *matérielle* dont il procède, et de la nature *spirituelle* vers laquelle il tend. Il porte en lui le cachet de l'*animalité* à laquelle il est intimement lié et d'où il vient, et en même temps il est marqué du sceau divin de la *spiritualité* qui le rattache aux degrés supérieurs vers lesquels il progresse.

Or, comme la forme est l'expression de l'Être, l'enveloppe matérielle de l'homme doit porter l'image de ces deux natures, et par des signes certains et évidents exprimer leur degré d'état ou de développement!

Ainsi entre l'Être qui vient à peine de franchir le passage étroit qui sépare l'animal de l'homme, et celui qui est arrivé au sommet de la hiérarchie humaine, il y a une différence profonde, aussi immense peut-être qu'entre le polype et l'homme; cette différence profonde est gravée dans la forme extérieure :

Dans le profil de l'un, on retrouve l'inclinaison, les courbes, les inflexions du museau de la brute; dans le profil de l'autre, les lignes nettes et pures du véritable nez humain, du majestueux profil de l'Être élevé, intelligent et moral. Aussi, pouvons-nous répéter avec vérité ce dicton latin qui faisait l'objet de notre proposition :

Non cuique datum est habere nasum !

Il n'est pas donné à tous d'avoir un nez !

CHAPITRE. V.

Où l'on expose la méthode pratique la meilleure pour établir un jugement physiognomonique.

Avant de pénétrer plus intimement dans la matière qui nous occupe, il est bon de dire quelques mots sur la façon pratique de préparer et d'établir un jugement physiognomonique.

Dans tout examen de ce genre, l'expérience nous a démontré qu'il était utile de suivre certaines règles.

L'ordre dans l'observation est absolument indispensable pour arriver à un bon résultat, car l'étude de l'homme est un enchaînement de rapports, dont chaque terme a sa valeur ; en négliger un seul, ou l'interposer, c'est rompre le fil qui doit nous conduire à la lumière et risquer de s'égarer.

L'ordre choisi n'a rien d'absolu, c'est l'ensemble des règles tirées de l'expérience, c'est une sorte de convention, et c'est à proprement parler ce qui constitue *la méthode ;* chacun peut avoir la sienne ; voici celle qui nous a paru la meilleure et que nous suivons :

La première chose à faire, quand on doit former un jugement physiognomonique, est de jeter un rapide coup d'œil d'ensemble sur la partie qu'on veut juger. Dans ce premier coup d'œil, il ne doit y avoir rien de prémédité, rien d'étudié, rien de basé sur une règle ou un principe.

Ce premier jet ne doit absolument rapporter à l'observateur qu'une impression intime, confuse peut-être, peu importe, mais profonde, car c'est l'âme qui la perçoit intuitivement en quelque sorte.

En cet instant, aucun détail n'apparaît, aucune ligne précise ne se détache, aucun rapport ne se déduit, aucun principe ne vient étayer le jugement : c'est un tableau qu'on a devant soi, et qui, par son ensemble, doit faire naître une impression, un sentiment !

Le sentiment éveillé par cette investigation rapide doit être aussi sommaire qu'elle-même, il doit se résumer ainsi : « *Ceci me plaît ou me déplaît.* »

Cette première sensation est souvent celle qui mène à la vérité !... c'est comme un coup inconscient porté au centre de l'âme, c'est l'ébranlement de la fibre intuitive qui réveille le jugement ! sorte d'étincelle qui s'allume par un choc : il faut savoir en profiter, et à la courte lueur qu'elle projette il faut deviner plutôt que lire la vérité !

Inhabiles et ignorants, nous nous laissons longtemps

égarer par cette première sensation, et nous formons de faux jugements; mais en exerçant chaque jour, à chaque heure, ce sens intime, nous finissons par lui donner une rectitude extraordinaire.

Avoir su régler par la pratique et l'étude, la justesse, la précision intuitive de l'âme, c'est en cela que réside tout le talent du vrai physionomiste.

Cette faculté, il faut le dire, ne se développe pas également chez tous, et c'est en vain que certaines natures chercheraient à l'acquérir; mais qu'on le sache bien, quiconque prétendrait conquérir la science du physionomiste, seulement au moyen d'une étude approfondie des détails, basée sur un ensemble de règles arrêtées d'avance, échouerait infailliblement, s'il n'a la faculté innée. Les principes ne sont utiles qu'à régler l'intuition !

Lors donc qu'on a recueilli la première sensation dont nous venons de parler, on la contrôle par un examen minutieux basé sur les règles qui régissent la matière.

On commence par juger l'ensemble de l'organe au point de vue des lignes principales.

On rapporte ensuite cet ensemble aux parties voisines, au point de vue des proportions.

Et enfin, l'on entre dans l'examen des détails.

CHAPITRE V.

Où l'on parle du nez dans son ensemble et ses lignes principales.

PRINCIPES GÉNÉRAUX.

Pour juger le nez dans son ensemble et ses lignes principales, il faut le considérer *de face* et *de profil*; mais c'est surtout *de profil* qu'on le juge mieux !

En effet, les deux lignes mères qui constituent le profil humain, sont la ligne du front et la ligne du nez. Ce sont ces deux lignes qui contribuent à déterminer l'angle facial. L'homme est de tous les êtres terrestres celui qui a le crâne le plus grand et la face la plus petite. Les animaux s'éloignent d'autant plus de ces proportions qu'ils sont plus stupides ou plus féroces.

L'angle facial des animaux ne dépasse pas 41° ou 42°, et c'est le profil du chien qui atteint ce plus haut chiffre. L'orang-outang seul s'éloigne considérablement de cette limite et se rapproche de l'homme : son angle facial est de 65°; celui du nègre de 70°; celui du blanc de 80°;

d'après cela le nègre serait plus près du singe que du blanc!

Dans les races blanches, le front et le nez avancent et le bas du visage recule, comme si, dit M. le docteur Virey, l'homme blanc était destiné à penser plutôt qu'à manger; dans la race nègre, au contraire, le museau s'allonge et le front s'efface, ainsi que chez l'animal, comme si l'individu était plutôt fait pour manger que pour réfléchir. Et c'est là un sujet digne de remarque : dans toutes les races humaines inférieures, le nez au lieu de se détacher de la figure semble se confondre avec elle, en s'écrasant et en s'épatant; aussi, vu de profil, semble-t-il se lier avec la bouche, généralement très-proéminente, et forme-t-il une silhouette identique à celle que donne le museau de la brute. Dans les races humaines supérieures, au contraire, ces lignes sont parfaitement tracées, et la transition du front au nez et celle du nez à la bouche sont sensibles et nettement indiquées. Plus l'Être s'élève, et plus ces caractères sont saillants!

L'étude du profil est donc indispensable, car Lavater l'a dit : le profil se prête moins à la dissimulation, il offre des lignes plus vigoureusement prononcées, plus précises, plus simples, plus pures, et par conséquent la signification en est plus aisée à saisir.

Pour diriger ses appréciations dans ce premier coup d'œil d'ensemble, l'observateur doit bien se pénétrer des principes généraux suivants :

Il existe le même rapport entre les *droites* et les *courbes*, qu'entre *la force* et *la faiblesse, la roideur* et *la flexibilité, le sens* et *l'esprit*.

Ainsi le nez composé de lignes droites représente la force, le bon sens, mais aussi la roideur et la ténacité.

Au contraire, le nez où les courbes dominent et où les angles s'effacent, est l'image de la flexibilité de l'esprit, de la douceur, mais aussi le gage d'un certain degré de faiblesse.

Les lignes courbes *concaves* sont plus défectueuses que les lignes courbes *convexes :* aussi les nez qui s'effacent au lieu de faire saillie sont-ils toujours inférieurs !

Les formes droites et pleines constituent le *Grand*, le *Sublime ;* les contours coulants et légers déterminent le *Délicat*, le *Gracieux*. Les formes obtuses, lourdes et seulement ébauchées, sont l'indice du *Rudimentaire* et du *Grossier*.

Plus une ligne se rapproche du cercle et surtout de l'ovale, plus elle indique une tendance au calme, à l'équilibre et à l'harmonie : il y a du moelleux et de la grâce dans le caractère ; au contraire, plus une ligne est droite, oblique ou saccadée, plus elle est l'indice d'une tendance à la dureté, au choc et à l'instabilité.

Lorsque les lignes sont brisées et qu'elles se coupent brutalement au lieu de se lier par des inflexions douces, c'est l'image d'un caractère heurté, violent, colère.

Les lignes courbes, peu tendues, affaissées, indiquent le tempérament *flegmatique*.

Les lignes creuses, contractées, représentent le *mélancolique*.

Les lignes droites et pleines, le *sanguin ;* les lignes convexes et aiguisées, le *bilieux*.

Ces principes généraux étant posés, examinons le nez dans ses aspects principaux, au point de vue des dimensions.

LE NEZ AU POINT DE VUE DE SES DIMENSIONS, NEZ LONGS — NEZ COURTS.

Le nez peut être long, moyen ou court.

Les nez *longs* sont comme les grands pouces, portés à la domination ; ils sont ambitieux, persévérants, et souvent même tenaces et entêtés ! Ils ont en partage la patience et la résignation ; ils aiment le perfectionnement et ont presque toujours une certaine dose d'énergie; ils sont plus souvent sérieux que gais, ils peuvent être comiques, plaisants, mais leurs plaisanteries sont rarement bruyantes. Les nez longs sont peu communicatifs, ils se tiennent ordinairement sur la réserve ; aussi dit-on vulgairement de quelqu'un qui cherche à cacher sa pensée et à paraître autre qu'il n'est vraiment : « *Il fait son nez !* »

Les nez *courts* sont absolument comme les pouces courts, bons, doux, aimables, mais capricieux et fantasques ; c'est l'image d'une nature expansive, toujours prête à se livrer, pleine d'abandon et de naïveté ; le caractère est rieur, bruyant, folâtre, plein de folies et d'inconséquences ; ne dit-on pas : « *Manquer de nez !* »

Le nez court est souvent la marque de la bonté et de la bonhomie, mais c'est aussi celle de l'inconstance et du manque de résistance contre tous les instincts et les passions !

Employez toujours les grands nez de préférence aux nez courts pour les ouvrages de longue haleine : il y a des grands nez qui ont la patience du castor, ils ont de l'ordre et du flair; on dit : « *Avoir du nez !* » Les *courts*, au contraire, esclaves de toutes leurs impressions, n'agissent que par inspiration ; ils peuvent être utiles dans les opérations courtes et rapides, où l'intuition et le sentiment sont nécessaires !

Les nez *moyens* seuls représentent la force et l'équilibre !

Il est aussi préjudiciable d'avoir le nez trop long que de l'avoir trop court : le dicton populaire l'affirme en employant indifféremment les expressions « *avoir le nez long* » ou « *être camus,* » pour indiquer une déconvenue ! ! !...

Mais comment peut-on se rendre compte qu'un nez

est trop long ou trop court ? Il faut, pour fixer son jugement, se reporter à la règle suivante :

Pour qu'il y ait harmonie dans un visage, il faut que la distance prise du haut du front aux sourcils, et celle prise du bas du nez à l'extrémité de l'os du menton soient égales entre elles, et égales en même temps à celle prise des sourcils au bas du nez.

L'équilibre dépend de l'égalité parfaite de ces trois sections mesurées avec une règle flexible qu'on peut appliquer sur la ligne du profil. La stupidité ou la folie naissent toujours de la disproportion de ces rapports.

Les nez courts ou longs sont ceux qui dépassent en moins ou en plus cette disposition symétrique des trois sections.

RAPPROCHEMENTS ENTRE LE NEZ ET LE POUCE.

Nous avons avancé dans les premiers chapitres de cet ouvrage qu'il existait des relations intimes entre le nez et le pouce ; elles sont en effet saisissantes, ainsi :

La susceptibilité, la violence de caractère, l'hypocrisie, la méchanceté et la rancune, tout ce qu'il y a de plus mauvais enfin, en fait de nature, est également représenté par un pouce déjeté, contourné en forme de bille, et un nez irrégulier, contrefait et gros du bout.

L'avare se distingue aussi bien à son pouce maigre et

de travers, qu'à son nez mince, crochu et incliné de côté.

L'effacement du nez et l'atrophie du pouce ont la même conséquence, c'est-à-dire la tendance à l'idiotisme !

Les gens timides baissent le nez et cachent les pouces !

Les gens de lutte lèvent le nez et tiennent les pouces ouverts !

Le fat, l'orgueilleux, porte le nez au vent et met ses pouces en évidence.

Ne dit-on pas : « *Se laisser mener par le nez,* » pour indiquer qu'on a abdiqué sa volonté et qu'on se laisse conduire !

Ne maîtrise-t-on pas les buffles, les taureaux et les chevaux en leur serrant les naseaux ? C'est d'après ce même ordre d'idée qu'on met les *poucettes* aux prisonniers, et qu'un magnétiseur s'empare des pouces de son sujet pour détruire sa force de résistance et annihiler sa volonté ; car le nez et le pouce sont les représentants de la volonté raisonnée, de la logique et de la décision.

LE NEZ AU POINT DE VUE DE L'INFLEXION DE SA LIGNE PRINCIPALE : NEZ CAMARDS. — NEZ DROITS. — NEZ BUSQUÉS.

Après avoir examiné le nez dans son ensemble au point de vue de ses dimensions, il faut le considérer sous le rapport de l'inflexion de la ligne principale qui le détermine.

Ici la variété des nuances est infinie, et il serait impossible de les déterminer toutes. Il faut se contenter de poser des jalons.

On peut dire, par exemple, que la ligne droite doit être le point de départ de toute appréciation; c'est le moyen terme ou l'équilibre : toute ligne qui s'écarte de la droite, soit en dessus soit en dessous, est d'autant plus défectueuse qu'elle s'en éloigne davantage.

Ainsi :

Le nez, dont la ligne principale et déterminante est *droite*, est dans l'équilibre. C'est l'image de la sagesse, du bon sens, de l'esprit droit, honnête et consciencieux; c'est le courage mâle et ferme qui endure patiemment les épreuves de la vie; c'est le calme et l'intelligence.

Le nez, dont la ligne principale s'éloigne de la ligne droite et se creuse de façon à former une *concavité*, ce qu'on appelle le nez *camard*, représente la faiblesse et le nihilisme; plus la forme concave s'accentue, plus on peut être certain que la constance, la fermeté, l'esprit de justice, le jugement, l'intelligence s'effacent et s'éteignent, jusqu'au terme extrême qui est l'abâtardissement et l'idiotisme!

Le nez, dont la ligne principale s'éloigne de la ligne droite et se courbe en dessus de manière à former une *convexité,* ce qu'on appelle le nez *busqué,* est signe de surexcitation : l'imagination remplace le bon sens ; et plus la forme convexe s'accentue, plus le fanatisme et l'exaltation augmentent jusqu'à la limite extrême qui est la folie.

C'est sur ces deux limites opposées, loin de la ligne droite qui trace le véritable nez humain, que se retrouvent les caractères de l'*animalité* les plus saillants ; en dessous, vers les *concavités* exagérées : les grouins, les museaux et les muffles; en dessus et vers les *convexités* : les becs et les trompes.

LE NEZ AU POINT DE VUE DE SA COMPLEXION ET DE SA NATURE : — NEZ DURS ET NEZ MOUS. — NEZ ROUGES ET NEZ PALES.

Considéré au point de vue de sa nature, le nez peut être à chair molle et spongieuse. Dans ce cas, c'est l'indice d'un tempérament lymphatique, d'une certaine lenteur d'esprit, d'un naturel ruminant et lourd.

Le nez à chair souple et délicate, dénote du jugement, de l'esprit et une conception rapide et facile.

Le nez à chair rude et ferme est un indice de dureté et de raideur dont l'excès peut mener jusqu'à la cruauté et à l'ineptie.

Le nez sec et cartilagineux dénote la sècheresse de cœur, la méchanceté et l'avarice.

La couleur du nez a aussi une grande signification. Le nez est, on peut le dire, le thermomètre où viennent se graduer tous les écarts du tempérament et du caractère.

L'intempérance, la jalousie, la haine, le mensonge, l'envie, la luxure, toutes les passions enfin, y viennent enregistrer leurs fluctuations comme sur un compte courant ouvert.

Ce nez rubicond, empourpré, n'indique-t-il pas les penchants de son propriétaire? C'est le buveur à la joyeuse trogne! Voyez cet autre, il est rouge aussi, mais la teinte vermeille du jus de la treille a fait place à une nuance violacée tirant sur le bleu; tous les vaisseaux capillaires sont gorgés d'un sang noir qui forment un réseau de varices sous la peau; le nez se déforme, bourgeonne, est pustuleux! là est l'empreinte du vice dans toute sa hideur: ce n'est plus le bon vivant, le joyeux buveur, c'est l'ivrogne de bas étage sans honneur et sans dignité.

L'homme vif, emporté, sanguin, a le nez fortement coloré, mais d'une nuance à peu près égale; chez le buveur, la teinte s'accentue vers la partie inférieure et le bout du nez.

Le nez pâle, plus pâle que le reste du visage, dénote l'égoïsme, l'envie, la sècheresse de cœur, une grande pauvreté de sentiments; ces défauts sont plus accentués si les ailes du nez sont marquées d'une auréole violacée ou verdâtre.

Comme il en est des *mains pâles*, il en est des *nez pâles!* Prenez de préférence pour compagnons les nez colorés : s'ils sont vifs, emportés, bruyants, ils sont du moins francs, généreux et bons vivants!

Quant à choisir cependant, il vaut mieux encore ne fréquenter que les nez dont la teinte ne tranche pas sur la couleur de la face; ce n'est pas une sûreté, peut-être, mais c'est au moins une garantie!...

Disons enfin en terminant, que le nez, le bout surtout, change fréquemment de nuances, et quelquefois presque subitement. Cet effet est le résultat soit du mouvement des passions, soit des variations de l'état de santé : la colère, la peur, l'envie font souvent pâlir instantanément le bout du nez. Le désir, l'appétit sensuel le font rougir de même. Il existe d'étonnantes relations pour l'observateur entre le bout du nez et l'état pathologique des organes de la digestion; et l'on peut souvent pronostiquer de l'état de l'estomac, des intestins et du foie rien qu'à l'aspect du bout du nez; quand ces organes souffrent, le bout du nez est généralement d'un gris terne et picoté de petits points noirs.

Nous ne saurions trop le répéter, malgré les incrédules, le nez est pour l'observateur un véritable thermomètre où viennent s'inscrire périodiquement, lentement ou instantanément, selon le cas, les plus insignifiantes fluctuations du tempérament, du caractère et de la santé !.....

CHAPITRE VI.

Où l'on essaye de démontrer que toute forme humaine porte à la fois dans son ensemble et dans chacun de ses détails l'empreinte de ces trois états : animalité, humanité, spiritualité.

L'ensemble de la nature offre à notre contemplation deux grands objets, a dit le naturaliste J. B. Robinet, *la progression des Forces* et *le développement des Formes !*

Tout, en effet, dans l'univers gravite et s'avance vers d'éternelles métamorphoses. Rien n'est stable, rien ne s'arrête, tout marche, tout vibre !... L'immobilité n'est qu'une apparence, le repos n'est qu'un mythe !...

Depuis l'atôme infiniment petit jusqu'à l'agrégation infiniment grande, tout vibre du mouvement qui lui est propre ; et l'on peut dire que dans les vastes harmonies de la nature tous les modes de vibrations sont représentés, depuis l'oscillation la plus élémentaire jusqu'aux combinaisons de mouvements les plus complexes et les plus variées !

Un grand nombre de ces vibrations échappent à nos

sens, parce qu'elles ne sont pas comprises dans le champ de perception de nos faibles organes : ainsi le mouvement trop lent de l'aiguille d'une montre n'est pas plus saisi par l'œil humain que le mouvement trop rapide du projectile qui traverse l'espace !

Mais de ce que nos sens ne perçoivent pas une chose, faut-il en conclure que cette chose n'existe pas ? Ce serait nier à peu près tout ce qui est ; car le rayonnement de notre perception sensorielle n'est pas bien étendu et se borne à un cercle fort étroit !

S'il n'est pas donné à l'homme de percevoir *matériellement* tous les phénomènes qui l'entourent, il lui est donné du moins de posséder un *sens intime* au moyen duquel il peut sonder et concevoir la grande Loi dont ces phénomènes sont l'expression.

En un mot, ce qui ne pénètre plus dans son cerveau par ses sens peut encore pénétrer dans sa pensée par son jugement, et le petit nombre de phénomènes que ses organes imparfaits saisissent, peut lui donner la clé du grand nombre de ceux qui leur échappent.

C'est par ce moyen que nous pouvons concevoir par exemple l'idée suivante :

La FORCE, infinie et immortelle comme la MATIÈRE, est intimement liée à elle, et l'on peut dire qu'elle ne fait qu'un avec elle ; c'est une *dualité* dans une *unité* !

Toute Force dans la nature s'exprime donc par une Forme, et c'est pourquoi toute Forme est l'expression d'une Force ou d'une combinaison de Forces.

Plus la Force est élémentaire, et plus la Forme qui la représente est elle-même simple et rudimentaire. Le polype, par exemple, a des organes bien moins compliqués et moins nombreux que ceux de l'homme.

La Force dans ses combinaisons infinies crée donc des Formes également infinies en nombre et en espèces, et les corps qui tombent sous nos sens ne sont autre chose que les équilibrations momentanées de ces combinaisons multiples !

Mais comme tout vibre et gravite éternellement dans l'espace, chacune de ces équilibrations, dans sa durée plus ou moins éphémère, se ressent du mouvement qui *a été*, de celui qui *est* et de celui qui *sera*.

Toute Forme, à quelque degré qu'elle soit de la grande série universelle, porte donc en elle l'empreinte de ces trois vibrations qui se suivent ; et la *Forme humaine*, qui n'est en somme que l'expression d'une Force plus ou moins complexe obéissant à la même loi, porte écrit en elle ces trois termes consécutifs de son mouvement propre : *animalité, humanité, spiritualité.*

Qu'on prenne l'homme tout entier ou l'un de ses organes, comme « *le tout est dans chacune de ses par-*

ties et la partie dans le tout, » on retrouve l'éternelle expression de ces trois états ; exemple :

Dans l'homme, trois régions :

1° Tête ; 2° partie thoracique ; 3° partie intestinale.

Dans le crâne, trois régions également :

1° Calotte supérieure,

2° Partie frontale,

3° Couronne inférieure.

Dans un doigt, même division

1° Phalange onglée,

2° Phalange médiane,

3° Phalange inférieure.

Ainsi donc, partout et toujours, trois degrés correspondant dans le même ordre à ces trois termes :

Spiritualité,

Humanité,

Animalité.

Et chose remarquable, c'est toujours à la partie supérieure de l'organe que se trouve la *spiritualité*, et à la partie inférieure que gît l'*Animalité* ou la *Matière*.

Telle est la lie au fond du vase !

CHAPITRE VII.

Où l'on parle du nez dans ses détails.

D'après ce que nous avons dit dans le chapitre précédent, le nez se divisera donc en trois parties distinctes :

1° La partie supérieure ou *racine* du nez,

2° La partie médiane ou *dos* du nez,

3° La partie inférieure du nez.

Ces trois parties répondent identiquement à celles du pouce :

1° La première phalange onglée,

2° La deuxième phalange,

3° La troisième phalange ou *mont de Vénus*.

La première partie (c'est-à-dire la racine du nez, ou la phalange onglée du pouce) représente la Volonté, l'Empire de soi, la Conscience du devoir ; cette partie est dite *psychique*.

La seconde partie (c'est-à-dire le dos du nez, ou la deuxième phalange du pouce) représente l'Intelligence, le Jugement, la Science ; cette seconde partie est dite *philosophique.*

Enfin, la troisième partie (c'est-à-dire la partie inférieure du nez, ou le *mont de Vénus* dans le pouce) représente les Sens, les affections ; cette partie est dite *matérielle.*

Par l'examen de la première partie, nous aurons la mesure de la *Vie morale ;* par l'examen de la seconde, la mesure de la *Vie intellectuelle ;* et par celui de la troisième, les tendances de la *Vie affective et animale.*

Pour qu'il y ait équilibre et harmonie, il faut qu'il y ait une juste proportion entre ces trois parties.

CARACTÈRES DE LA PARTIE SUPÉRIEURE OU RACINE DU NEZ.

Dans la partie supérieure du nez, à cet endroit où le nez vient se lier avec le front, sont gravés les reflets de la *Vie spirituelle et morale* de l'Être.

Là, se trouvent écrits : la Justice des actes, la Volonté, l'Empire de soi, l'énergie morale. Là se mesurent l'Initiative qui pousse vers les sphères inconnues et élevées, l'Inspiration qui éclaire dans cette marche, le Libre arbitre qui règle l'exécution de la pensée.

Cette partie répond à la première phalange onglée du pouce.

Si elle est étroite et faible, c'est le signe d'une volonté

indécise, d'un manque de fermeté et d'énergie; les principes et la ligne de conduite une et invariable font défaut; l'incertitude et la défiance tiennent l'Être dans des fluctuations perpétuelles! L'individu incapable de persévérance se tient à la remorque des idées d'autrui. La brièveté et la faiblesse de la première phalange onglée du pouce entraînent les mêmes conséquences fatales; aussi, tout homme qui a l'attache du nez au front, courte, effacée et étroite, a-t-il la première phalange du pouce courte et faible.

Si au contraire la racine du nez forme une table unie et large, ayant entre les sourcils la disposition d'un trapèze dont la grande base est en haut, c'est le signe d'une volonté et d'une individualité puissantes et énergiques, d'une grande confiance en soi, d'un désir extrême d'arriver à la perfection dans ses œuvres; c'est l'Initiative appuyée de la Volonté qui crée et qui exécute; c'est ce qu'on appelle vulgairement l'*homme de tête!* Cette disposition correspond à la première phalange du pouce longue et forte.

Mais de même que l'excès de longueur et de développement de la première phalange du pouce conduit à l'esprit de domination et à la tyrannie insupportable, de même aussi la racine du nez trop développée et présentant une disposition renflée et bombée, est la marque de cet entêtement aveugle et dominateur qui tend à tout absorber autour de lui.

Lorsque le renflement de la ligne du passage du front au nez s'exagère et rappelle par sa silhouette la tête du bélier, du bouc ou de la chèvre, c'est cynisme et impudeur. Si l'étroitesse de la partie accompagne ce relief, c'est la tête du mouton, c'est-à-dire, imitation routinière et stupide appuyée d'un entêtement étroit.

Lorsque cette partie est unie, c'est l'esprit de domination éclairée, sage et légitime.

Si la racine du nez, au lieu de former relief, est effacée et rentrante, c'est l'image d'un caractère de bonhomie sans force de résistance; et si cette forme rentrante s'accentue, c'est nullité, impuissance, découragement.

Cette partie peut être unie ou sillonnée de rides :

Si elle est complétement unie et sans plis, c'est signe de placidité, de froideur, et quelquefois aussi de manque d'idées. Lorsqu'elle est creusée et sillonnée de rides qui s'entre-croisent irrégulièrement, c'est confusion dans les idées, caractère brouillon et changeant.

Coupée de lignes horizontales, c'est pensées judicieuses et profondes.

CARACTÈRES DE LA PARTIE MÉDIANE OU DOS DU NEZ.

Dans la partie médiane ou dos du nez viennent se graver les reflets de la *Vie intellectuelle* ; c'est là que peut se lire le degré de perception, de jugement, la force du raisonnement, l'intelligence ; le dos du nez donne en quelque sorte la *mesure* et la *nature* de l'esprit.

Cette partie se compose de l'épine du nez et de ses flancs, formant des deux côtés des parois qui vont, en s'abaissant insensiblement, lier le nez au visage.

Cette partie du nez correspond à la deuxième phalange du pouce.

Lorsqu'elle est longue et forte sans être lourde, c'est l'indice d'une Logique forte et puissante, d'un Jugement sain et droit, d'une grande clarté de coup-d'œil ; c'est l'image d'un caractère sérieux, porté au raisonnement et à l'abstraction.

Si au contraire le dos du nez est faible et étroit, court et peu en relief, c'est signe d'une Logique et d'une Raison faibles, d'un manque de bon sens et d'un esprit faux. Cette disposition correspond invariablement à la deuxième phalange du pouce, maigre, étranglée et courte.

La ligne du dos du nez doit être plutôt *droite* que *courbe*, car les nez droits représentent l'esprit juste, sérieux, fin, judicieux et énergique. Si cette ligne est *bombée*, c'est excès d'imagination : l'esprit peut être plus vif, plus brillant, plus prompt, mais il est généralement plus vain, moins solide et quelquefois disposé à l'ironie mordante et à la malice. C'est le nez des rêveurs, des poëtes, des fantaisistes et des critiques.

Lorsque la ligne du dos du nez est *rentrante* au lieu d'être *bombée*, c'est la marque d'un esprit faible, quelquefois grossier et vulgaire ; ces nez-là sont généralement enjoués, plaisants et folâtres; ils vont quelquefois jusqu'au burlesque, selon le plus ou moins d'excès dans la forme.

Les nez *droits* sont souvent froids et réservés, mais toujours convenables et polis.

Les nez *bombés* sont secs et hautains, ou emportés et violents; ils peuvent aller jusqu'à l'insolence et au mépris.

Les nez *creusés* sont insouciants; ils sont presque toujours communs et de mauvais goût.

Tout dos large, quelle que soit sa forme, dit Lavater, représente toujours des qualités d'esprit supérieures.

CARACTÈRES DE LA PARTIE INFÉRIEURE DU NEZ.

Ici nous entrons en plein dans le domaine de la *Vie des sentiments et des sens*.

La partie inférieure du nez qui se compose du bout du nez, des narines et des ailes du nez, correspond à la troisième phalange du pouce, qui forme une partie de la paume de la main, et qu'on appelle le *mont de Vénus*. Là se reflète la *Vie animale* et *affective ;* c'est là que siègent les sentiments et les appétits sensuels, avec toutes leurs nuances, depuis le goût le plus fin et le plus délicat, jusqu'à la passion brutale et aveugle.

Rien n'est plus significatif que cette partie du visage quand on sait y lire ; et c'est un vrai sujet d'admiration que dans un si étroit espace la nature ait renfermé un agencement et une combinaison de lignes aussi variées.

Lorsque l'ensemble de la partie inférieure du nez forme une masse lourde, épaisse, sans ciselures, à peine modelée comme une ébauche abandonnée, c'est l'image d'appétits sensuels et grossiers; c'est la domination de la passion brutale qui mène à l'assouvissement des sens d'une façon bestiale; c'est l'intempérance et la gourmandise. Cette disposition correspond à un *mont de Vénus*, lourd, massif, développé et dur.

Si, au contraire, la partie inférieure du nez présente un ensemble sec, décharné, aplati et faible, c'est la marque d'appétits sensuels presque nuls, il y a pauvreté de force vitale et sécheresse de cœur. La vie des sens et des sentiments, trop développée dans la première disposition, est nulle dans celle-ci. Cet appauvrissement correspond au *mont de Vénus* desséché, plat et ridé.

Entre les deux limites extrêmes que nous venons de marquer, le plus et le moins, se déroule une suite de formes qui représentent toutes les nuances des appétits, du sentiment et du goût.

Mais, nous le rappelons en passant, il est absolument

impossible de retracer tous les caractères des traits humains, la plume et le crayon sont impuissants à fixer ces mille nuances délicates et imperceptibles ; on doit se contenter d'indiquer quelques principes généraux pour servir de base à l'observateur dans ses recherches, et le sens intime, la finesse de tact et d'observation, appuyés sur l'exercice et la pratique, font le reste ; comme l'a si bien dit Lavater, l'âme humaine n'est point bornée à une qualité unique, elle est un monde de facultés combinées qui se croisent et s'obscurcissent l'une l'autre : il faut donc trouver en soi cette lumière qui doit guider dans ce labyrinthe, et permettre de déchiffrer cette sublime harmonie ! une collection plus ou moins complète de profils, un vocabulaire aussi parfait que possible, ne serviraient de rien dans un semblable travail.

La partie inférieure du nez se divise en trois parties :

1° Le lobe ou lobule du nez, qui forme ce que l'on appelle communément la *pomme* ou bout du nez ;

2° Les narines ;

3° Les ailes du nez.

Nous allons examiner successivement les caractères principaux de ces différentes parties.

Le lobe ou bout du nez peut être *pointu*, *carré* ou *spatulé*.

Le bout du nez *pointu*, c'est finesse jusqu'à cette acuité qui perce et qui blesse ; c'est le goût intéressé, dissimulé, avaricieux.

Le bout du nez *carré*, c'est l'image d'une nature judicieuse, sage et prudente ; c'est le goût fin et raisonné.

Le bout du nez *spatulé* ou épaté, c'est le goût grossier, sans règle, et, pour mieux dire, c'est le manque de goût.

Le bout *pointu*, juge les choses au taux de leur valeur cotée, il compte.

Le bout *carré*, juge les choses au point de vue de leur valeur intrinsèque et des principes qui régissent le bon goût, il apprécie et déguste.

Le bout *spatulé* ne juge qu'au point de vue de son ventre : pour lui, la quantité vaut mieux que la qualité.

Le bout du nez peut être ferme et dur, ou mou et flasque.

Le bout du nez ferme et dur, indique l'activité, la persévérance, la sobriété et le travail.

Le bout du nez mou et flasque dénote au contraire la mollesse, la nonchalance et l'intempérance ; ces nez sont toujours insouciants et paresseux !

Les narines sont étroites ou larges : les narines petites et étroites sont l'indice de la timidité, de l'irrésolution, du manque de sève et de courage ; ne confiez jamais à des nez aux narines serrées une entreprise qui demande de l'à-propos, de la témérité et de l'audace, ils n'ont jamais d'élan, ni de chaleur de sentiments!

Les narines larges et bien ouvertes, au contraire, dénotent l'audace, la résolution, la franchise. Ces qualités peuvent quelquefois être entachées de forfanterie, de cynisme et de méchanceté; mais un seul trait ne doit jamais être pris isolément, un jugement sûr ne peut s'établir que sur un examen sérieux de l'ensemble; en tous cas les narines larges et ouvertes sont toujours l'indice d'une grande expansion vitale.

Il nous reste à examiner les différents caractères des ailes du nez.

Les ailes du nez bien dégagées, nettement dessinées et mobiles, dénotent une grande finesse de goût, une grande délicatesse de tact et de sentiment ; si ce caractère est exagéré et que l'aile du nez soit très-détachée et douée d'une mobilité extrême, c'est le signe évident de passions vives, d'une sensualité recherchée, d'un besoin ardent d'émotions et de voluptés.

Les ailes du nez à peine ébauchées, lourdes et massives, sans vibration, indiquent des sentiments lourds et grossiers, un certain sommeil de l'âme ; la vie des sentiments et des sens est entièrement dirigée par l'Instinct et non par le soleil de l'Intelligence. D'un homme fin, on disait à Rome qu'il était *emunctæ naris*, et d'un esprit dépourvu de sagacité, qu'il était *naris obesæ.*

Lorsque le cartilage du nez, qui forme cloison entre les deux narines, est bien plein sans être lourd, et descend un peu de façon qu'on puisse le saisir facilement entre l'index et le pouce, c'est le signe d'un caractère bon, égal et mêlé d'une certaine jovialité aimable.

Au contraire, si ce cartilage de séparation est mince et sec, ou lourd et épais, et s'il disparaît sous la voûte du nez au lieu de descendre un peu vers la bouche, c'est l'indice d'un caractère chagrin, mélancolique ou sournois.

Enfin, pour terminer, nous dirons un mot de l'angle que le bout du nez forme avec la lèvre supérieure : cet angle peut être droit, obtus ou aigu.

S'il est *aigu*, le nez a une tendance à pencher vers le bas du visage, c'est la *Vie intellectuelle* qui tend vers l'animalité, c'est donc un indice de sensualité.

S'il est *obtus*, le nez a une tendance contraire, il pointe vers le haut du visage ; c'est l'étincelle intellectuelle qui se perd dans l'espace ; c'est insouciance, légèreté et manque de suite dans les idées.

Enfin s'il est *droit*, c'est l'homme sage et judicieux.

CHAPITRE VIII.

Où l'on parle du Nez au point de vue de la Pathognomique, c'est-à-dire au point de vue du jeu de ses mouvements.

Nous l'avons dit, le Nez est un des organes muets du visage humain; le jeu de ses mouvements est donc fort limité.

Les muscles qui font mouvoir cet organe sont en petit nombre.

Il y a le dilatateur et le constricteur du Nez ; ce dernier appelé *myrtiforme* et plus communément *muscle nasillard*, sert à contracter la narine et contribue à donner à la voix un timbre particulier ; en certains cas, ce petit muscle, plus développé que le dilatateur, établit une constriction permanente qui rend la voix *nasillarde.*

Il arrive même parfois que le dilatateur, petit muscle triangulaire qui s'attache à la paroi nasale et qui sert à porter en dehors la partie externe de la narine pour agrandir son orifice, vient à manquer tout à fait, ce qui cause l'immobilité complète de cette partie du nez.

Outre le myrtiforme et le dilatateur, les deux autres principaux muscles du nez sont les releveurs *superficiel* et *profond* de l'aile du nez qui, aidés du *petit zygomatique*, servent à relever les ailes du nez dans l'action du *flair*.

Ces muscles, par leur contraction, expriment la tristesse et la douleur ; ce sont à proprement parler les muscles du *Pleurer* et par conséquent les antagonistes du *grand zygomatique* qui, lui, est le muscle du *Rire* (1).

Le rire, ce gracieux et charmant apanage de l'homme, cette lumière du visage humain qui vient du cœur, a son siége sur la bouche, le trône divin du sentiment ; et c'est principalement autour de cet organe qu'il s'épanouit ; quelques personnes cependant ne rient pas seulement de la bouche, elles rient aussi du nez ; des plis transversaux apparaissent alors le long des parois du nez et le froncent légèrement sur les côtés ; au moindre sourire ces plis se forment.

Cette particularité dénote un caractère gai, bon, généreux et spirituel.

Lavater assimile ce plissement de la peau au rictus de la bête féroce, et déclare que le nez qui se fronce facilement ne peut appartenir à un Être sincèrement bon, de même que le nez incapable de se froncer, quand même il le voudrait, ne peut appartenir à un homme méchant !

Nous avons fait sur ce sujet de fréquentes observa-

---

(1) Beaunis et Bouchard.

tions qui nous conduisent à tirer des conclusions toutes différentes :

Pour nous, les gens dont le nez ne tressaille et ne se plisse jamais, et qui dans toutes les émotions de la passion reste froid, impassible et glacé, comme s'il était taillé dans le marbre, sont généralement durs et méchants ; tandis qu'au contraire ceux dont le nez parle et sourit avec le visage et reflète, dans la limite de son jeu restreint, toutes les émotions de l'âme, sont des cœurs francs, ouverts et chauds.

Il y a de ces nez aux lignes pures et belles, à la narine vibrante même, mais qu'aucun tressaillement ne vient plisser, et qui ne participent jamais au rire de la bouche ; certainement ces nez ont un grand caractère de beauté qu'on admire, mais en même temps ils ont quelque chose de hautain et de fier qui glace.

D'autres, aux lignes correctes, bien découpées, n'ont même pas cette vibration de la narine qui exprime l'intelligence et le feu de la passion, et ressemblent à s'y méprendre à des masques de théâtre sans vie et sans expression : n'est-ce pas, bien souvent, une glace sous laquelle se dissimulent la nullité et l'ineptie ?

Il est encore un dicton populaire assez répandu qui nous semble absolument faux. On dit aux enfants : « *Tu mens, car ton nez branle !* »

Il y a, en effet, beaucoup de nez qui, suivant l'inflexion de la lèvre supérieure, remuent du bout à chaque mot prononcé ; cela veut-il signifier que ces personnes mentent sans cesse ? Nous ne le croyons pas, car nous avons rencontré un grand nombre de personnes très-franches et très-sincères dont le bout du nez remuait sans cesse en parlant.

Nous nous résumons donc et nous disons, qu'après expérience faite, nous croyons pouvoir assurer que plus le nez est expressif, plus il est mouvant et sensible, et plus l'Être est fin, intelligent et bon. Certains visages souples et grimaciers peuvent appartenir à des Êtres foncièrement faux et méchants ; mais ceci est en dehors de ce que nous venons de dire et tient à un autre ordre de causes ! En principe, nous avons donc l'habitude de nous tenir en garde contre les nez qui ne tressaillent jamais et qui ne rient jamais !...

Il y a des gens qui reniflent sans cesse en parlant : d'après Montaigne, ce serait l'indice d'un caractère moqueur et caustique ; Cicéron avait, dit-on, cette habitude ; nous sommes porté à croire qu'il y a du vrai dans cette assertion.

Il nous reste à signaler un trait fort expressif qu'il ne faut pas négliger dans l'observation, c'est celui qui part des narines et s'étend vers les extrémités de la bouche. Par ses ondulations diverses, ce trait détermine bien des nuances de caractère, depuis l'intelligence et la bonté jusqu'à l'ineptie et la méchanceté.

CHAPITRE IX.

Où le nez, organe de l'odorat, est considéré au point de vue sensoriel.

Le nez est l'organe du sens olfactif; c'est lui qui perçoit les odeurs et les porte à l'analyse du cerveau.

Après avoir étudié le nez sous le rapport de la forme et du mouvement, il est donc nécessaire de l'examiner au point de vue sensoriel.

L'Être humain est une sorte de clavier composé de sept cordes vibrantes; les deux cordes extrêmes sont les *pôles* de ce clavier : au sommet, se trouve le pôle *cérébral*, et à l'opposite le pôle *génésique*.

Entre ces deux *pôles* s'échelonnent les cinq sens dans l'ordre suivant : la vue, l'audition, l'odorat, le goût et le tact.

Les deux premiers sens, l'œil et l'oreille, ont quelque chose d'immatériel qui leur donne une sorte de prédominance sur les autres; leur action s'exerce à *distance* et *sans contact*, et leur relation avec le cerveau est directe; l'œil et l'oreille éveillent des sensations nobles et élevées, ce sont les organes de la *Vie spirituelle*.

Le goût et le tact agissent tout différemment : ne pouvant s'exercer que par le *contact*, il est indispensable que ces sens se mettent en rapport intime avec la matière avant de porter la sensation au cerveau ; leur action principale et directe a donc lieu sur les organes de la sensualité, et la perception qu'ils transmettent au cerveau n'est que le résultat d'une opération réflexe ; le goût et le tact sont les sens de la *Vie matérielle*.

Ainsi donc, deux ordres de sens bien définis : les uns entièrement *spirituels*, l'œil et l'oreille, organes de la *Vie supérieure* et en relation directe avec le pôle cérébral ; les autres, entièrement *matériels*, le goût et le tact, organes de la *Vie inférieure* et en relation directe avec le pôle génésique.

L'odorat prend sa place entre ces deux extrêmes : c'est le sens olfactif qui, dans le clavier sensoriel, occupe la position médiane ; également soumis à l'influence des deux pôles, il se trouve en quelque sorte sur la limite de la *Vie spirituelle* et de la *Vie matérielle*, et sert de lien entre elles.

En effet, l'odorat agit *à distance* comme l'œil et l'oreille, organes de la *Vie supérieure*, et il agit en même temps *par contact*, au moyen de la membrane pituitaire, comme le goût et le tact, organes de la *Vie inférieure*.

Le nez, auquel nous avons déjà assigné cette position

intermédiaire, est placé au-dessus de la bouche ; sentinelle avancée, il veille à tout ce qui peut venir affecter le goût, et, gardien de l'entrée des voies respiratoires, il explore les gaz à leur passage, afin de dénoncer les qualités nuisibles de l'air ; l'odorat est lié intimement au sens du goût, et le seconde activement; c'est en quelque sorte la lumière *intellectuelle* qui préserve le goût de fâcheuses atteintes ; il s'associe avec lui dans la jouissance, et l'élève et l'exalte de façon à en doubler les facultés !

Sans l'odorat, dit Brillat-Savarin, il n'y a point de dégustation complète ; l'odorat et le goût forment pour ainsi dire un seul sens dont la bouche est le laboratoire, et le nez la cheminée : l'un sert à la dégustation des corps tactiles, et l'autre à la dégustation des gaz !

Le sens olfactif ne s'exerce pas dans toute sa plénitude à tous les degrés de l'échelle des Êtres.

Ainsi l'animal *flaire*, mais *n'odore* point ; chez les animaux *le flair* est un sens purement instinctif; d'une acuité et d'une étendue excessives, il les met en rapport avec les objets à des distances considérables, et leur sert pour ainsi dire d'organe *universel de sentiment ;* comme disait un célèbre physiologiste, c'est un *œil* qui voit les objets partout où *ils ont été !*

Ce sens chez l'animal n'a rien d'intellectuel et de raisonné et a plutôt des liaisons intimes avec les fonctions génitales qu'avec les fonctions cérébrales.

L'enfant (c'est-à-dire l'homme dans la période *instinctive* de la vie) fait à peine usage de l'odorat, sens qui ne se développe réellement que plus tard dans la période *intellectuelle :* aussi voit-on tous les jeunes enfants s'emparer gloutonnement des aliments, et les porter à leur bouche sans les flairer, puis les rejeter ensuite s'ils ne leur plaisent pas au goût.

Les gens communs, vulgaires, les individus dont l'intelligence est peu développée, avalent sans odorer et sans déguster, ne cherchant pas à appliquer à la dégustation des délicatesses intellectuelles qui n'ont reçu en eux aucune espèce de développement.

Il n'en est pas ainsi des gens intelligents et raffinés ; ceux-ci exercent avec soin leur sens olfactif, de façon à solliciter le cerveau et à réveiller des perceptions intelligentes pour préparer une dégustation savante. Ils vont plus loin, ils font appel au concours harmonique de tous les sens pour rendre l'acte plus complet : le gourmet qui veut apprécier un vieux vin, fait d'abord miroiter devant son œil, à la lumière, les tons de topaze ou de rubis du précieux liquide ; puis il en hume religieusement les effluves parfumés, et c'est alors, seulement, qu'il le met en contact avec les papilles nerveuses de son palais. Dans cette opération, l'oreille, qui semble inactive, ne reste pas étrangère à la jouissance, elle s'y associe par le calme, car l'acte de la dégustation ne peut être harmonique et complet qu'à la condition expresse qu'un bruit discordant ne vienne pas froisser le tympan.

Dans le clavier sensoriel dont nous venons de parler, il se produit des effets différents.

Si toutes les cordes du clavier vibrent à l'unisson, c'est-à-dire, si tous les sens sont également développés et équilibrés, il y a harmonie parfaite; c'est le cas des natures exceptionnelles et privilégiées, qui sont hautement organisées !

Si l'un des pôles domine et fait en quelque sorte office de *Tonique*, il exerce sur l'ensemble du clavier une influence marquée : ainsi la prédominance du pôle *cérébral* ou supérieur, spiritualise les sens et les rend *convergents*; la prédominance du pôle *génésique* ou inférieur, matérialise les sens et les rend *divergents*.

C'est ce phénomène qui donne la clef des différences de perception sensorielle qui existent entre l'animal et l'homme.

L'animal, dont les sens sont d'une acuité et d'une étendue bien supérieures à ceux de l'homme, n'agit que dans l'ordre des facultés basses au point de vue *matériel* et sensuel ; sa tonique est le pôle *génésique*; ses facultés sensorielles, ineptes à saisir les nuances intelligentes et harmoniques des sons, des couleurs, des parfums et des saveurs, s'unissent pour concourir aux actes extérieurs de la *Vie Instinctive*; la bête fauve qui suit une piste, ou flaire une proie, le mâle qui reconnaît à des distances considérables les émanations de la femelle, le ruminant qui par l'odorat sait éviter l'herbe malfaisante, n'obéissent qu'aux influences matérielles.

L'homme, au contraire, qui possède en apparence des sens d'une portée plus restreinte, agit dans une sphère bien supérieure : il saisit et analyse les tons variés de la lumière, il perçoit les mille nuances des sons harmoniques, les parfums les plus subtils, les saveurs les plus délicates. Sa tonique est le pôle *cérébral*, et toutes ses facultés sensorielles s'exerçant dans le domaine des facultés supérieures, concourent à un but plus parfait et plus harmonique.

Plus l'Être s'élève dans l'échelle hiérarchique de la perfection, plus ses sens perdent de cette acuité et de cette étendue, utiles seulement au rayonnement de la *Vie instinctive*, et se concentrent dans le cercle plus étroit de la *Vie intellectuelle*, ce qui leur permet de s'équilibrer, de se centraliser et de participer aux combinaisons harmoniques.

Il existe une série tonalisée d'odeurs comme il y a une série tonalisée de sons et de couleurs.

Les parfums, aussi bien que la musique et la peinture, s'adressent à la nature immatérielle de l'Être et contribuent à produire une sorte d'ivresse mystique de l'âme. Cela est si vrai que dans toutes les religions on les fait concourir à ce but : les sons graves et mélodieux des orgues, les tons de lumières savamment ménagés par les vitraux de couleur, les vapeurs enivrantes de l'encens, se réunissent dans les temples pour développer les facultés extensives de l'âme et produire cette exaltation mystique qui n'est que l'expansion anormale de nos facultés supérieures; les facultés purement sensuelles et basses sont étrangères à cette sensation, et c'est pourquoi l'animal y reste complétement indifférent et insensible !

L'abus de cette excitation spirituelle peut produire à la longue un trouble profond de l'organisme ; les Orientaux se plaisent dans cette perturbation des sens qui les tire momentanément de leur état apathique. Les parfums pénétrants, les narcotiques tels que le tabac et le haschisch sont pour eux d'un usage habituel; ils excitent et ébranlent violemment le système nerveux, pour le plonger ensuite dans une prostration plus complète.

L'ivresse, qu'elle soit cérébrale ou stomachique, produite par des excitants combinés ou par les alcools, n'en a pas moins la même cause morale, c'est-à-dire une grande faiblesse de l'âme.

L'Être intelligent et fort aime à s'épanouir librement dans un corps sain et à conserver l'exercice entier de ses facultés.

Au contraire, l'Être pusillanime et faible, ne trouvant en lui que le doute, l'incertitude, le vide, flotte et tourbillonne sur lui-même et va chercher au dehors un aliment qui le soutienne ou l'étourdisse.

Celui donc qui recherche dans l'exaltation mystique ou dans l'usage des narcotiques et des parfums l'oubli de lui-même, est aussi coupable que l'homme grossier et brutal qui noie sa raison dans les fumées du vin.

CHAPITRE X.

Où l'auteur se résume et tire ses conclusions.

Je suis arrivé au terme que je m'étais assigné ; j'ai fait tous mes efforts pour être clair et méthodique ; ai-je réussi ? — Je le désire.

Je sais que je trouverai bien des incrédules qui ne me comprendront pas ; mais je n'ai pas écrit, je l'avoue, pour les gens qui ne voyent dans le nez qu'un organe qu'ils peuvent moucher, et dans la bouche un organe qui sert à prendre des aliments.

Je m'adresse à ceux qui pensent quelquefois entre leurs repas ; ceux-là, je n'en doute pas, comprendront les révélations que la nature a mises dans les traits du visage humain et ils saisiront toute la portée qu'un observateur intelligent peut tirer de ces révélations.

Qui voudra se donner la peine de faire l'application de ces études physiognomoniques reconnaîtra bientôt la vérité de leurs conclusions.

Rien de récréatif, du reste, comme ce travail d'investigation qui à chaque pas découvre de nouvelles singularités !

Rien d'instructif et d'amusant en même temps comme ces comparaisons, ces rapprochements qui initient promptement à cette science curieuse qu'on appelle *l'analogie.*

Qu'on se trouve dans la rue, en chemin de fer, au théâtre, dans un salon, on rencontre partout d'inépuisables sujets d'études sur lesquels on peut exercer son talent ; et l'on arrive bientôt, par la pratique, à une telle foi dans cet art qu'on s'en fait une sorte de guide dans toutes les relations sociales.

Il n'y a pas à en douter, la forme est la fidèle représentation de l'Être qui l'habite; la forme est l'expression vraie de cette force qui l'anime; ceux qui le nient ou qui en doutent peuvent à chaque instant être pris en flagrant délit de contradiction avec eux-mêmes ; n'emploient-ils pas sans cesse cet argument, qu'ils combattent, pour juger les choses qui les entourent, lorsqu'ils disent à première vue : ce fruit est dur et coriace, cet autre est juteux et mûr ; ce cheval doit avoir de belles allures, mais il est d'un caractère difficile et inquiet; cette vache donnera tant de pintes de lait. Ne jugent-ils pas d'après l'extérieur et d'après la forme ? Pourquoi n'en serait-il pas de même pour l'homme ; et en voyant tel nez, tel front ou telle bouche, pourquoi ne dirait-on pas avec raison : cet homme est méchant, dissimulé, hypocrite ou colère ?

Les traits saillants du caractère de l'homme sont aussi perceptibles à l'œil de l'observateur que le soleil en plein midi. Déterminer toutes les nuances profondes et délicates de sa nature est chose plus difficile, car l'homme est une admirable harmonie composée d'une quantité infinie de modulations qui varient dans chaque individualité. Avec de l'étude et de la patience on y arrive. Mais, il ne faut pas s'abuser, la connaissance approfondie de l'homme ne peut s'acquérir qu'à la suite d'un long apprentissage, et tout apprentissage est pénible et laborieux !

Lorsqu'on est parvenu à conquérir l'expérience nécessaire, on possède l'immense avantage de pouvoir interprêter ces mouvements de sympathie et d'antipathie auxquels chacun est plus ou moins sujet dans le cours de la vie ! On possède une force au moyen de laquelle on peut se tenir en garde contre les attractions et les répulsions dont on est si souvent victime !

Pères qui avez un gendre à choisir,

Jeunes filles qui avez un mari à prendre,

Maîtres qui cherchez des domestiques ou des ouvriers,

Croyez-moi, n'exercez pas votre choix en aveugles, étudiez la physionomie de ceux qui doivent prendre une part sérieuse dans vos intérêts et dans votre existence ; votre sûreté et votre bonheur en dépendent !

Et vous, chefs militaires, magistrats, professeurs, directeurs d'administrations, ministres, vous tous enfin auxquels est dévolue une part de la justice distributive, donnez-vous donc la peine d'étudier ces hommes que vous avez mission de juger et de conduire ! Il est de votre devoir de ne négliger aucun moyen de les connaître, afin de les apprécier selon leurs aptitudes et leur mérite !

Et vous aussi, électeurs, qui êtes appelés souvent à donner votre voix à des gens que vous connaissez à peine, et que vous ne pouvez prendre le temps de connaître, gardez-vous de voter sans voir le candidat qui sollicite votre suffrage ; et si vous voulez être bien représentés, bien gouvernés, n'accordez jamais votre confiance à des gens *qui n'ont pas de nez !*

INDEX.

FIN.

Angers, imp. E. Barassé. — 273-72.

OUVRAGES DU MÊME AUTEUR

LA MAIN, essai physiologique et psychologique, in-8°, 1 fr. 25.

ET POUR PARAITRE PROCHAINEMENT

DANS L'ORDRE SUIVANT :

LA BOUCHE.

LE FRONT.

L'ŒIL.

L'OREILLE.

DÉMARCHE ET GESTES.

www.ingramcontent.com/pod-product-compliance
Ingram Content Group UK Ltd.
Pitfield, Milton Keynes, MK11 3LW, UK
UKHW021159220726
13924UKWH00003B/1219

9 782019 934231